LETTRE

A M. le Directeur

DE

LA REVUE DE LA LÉGISLATION ET DE JURISPRUDENCE,

EN RÉPONSE

A M. Worms,

SUR LA CONSTITUTION TERRITORIALE DU PAYS MUSULMAN.

LETTRE

A M. le Directeur

DE

LA REVUE DE LA LÉGISLATION ET DE JURISPRUDENCE,

EN RÉPONSE

A M. Worms,

SUR LA CONSTITUTION TERRITORIALE DU PAYS MUSULMAN.

par

FLOUR DE St-GENIS,

INSPECTEUR DE L'ENREGISTREMENT ET DES DOMAINES.

ALGER,

Typographie BRACHET et BASTIDE, Imprimeurs-Libraires et Lithographes,
place du Gouvernement.

1842.

LETTRE

A M. le Directeur

DE

LA REVUE DE LA LÉGISLATION ET DE JURISPRUDENCE,

EN RÉPONSE

A M. Worms,

SUR LA CONSTITUTION TERRITORIALE DU PAYS MUSULMAN.

Alger, le 15 Mars 1842.

MONSIEUR,

Vous avez publié dans le tome XV de la Revue de Législation et de Jurisprudence, un travail sur la *Constitution territoriale des pays musulmans*, par M. Worms, médecin en chef de l'École militaire de St-Cyr, au sujet duquel je prends la liberté de vous soumettre quelques observations.

Si M. Worms se fût borné à critiquer l'Administration, à l'accuser d'avoir méconnu ou négligé les premiers éléments d'une aussi grave question, cette publication n'aurait eu d'autre effet que d'augmenter le nombre de ces productions éphémères qui naissent et meurent chaque jour.

Mais M. le Médecin en chef de l'École militaire pose, d'une manière absolue, un principe qui, admis, aurait pour résultat de jeter l'inquiétude dans l'esprit des populations de l'Algérie, d'éloigner la confiance publique, de nuire à l'assiette définitive de la propriété, sans laquelle il n'est pas de Société possible, d'arrêter enfin le développement colonial.

Cette crainte n'est point vaine; des hommes graves et d'un esprit judicieux, ont accueilli le système de M. Worms, ils en ont déduit des conséquences fâcheuses mais logiques.

Ainsi, M. le Général Duvivier, dans un ouvrage fort remarquable d'ailleurs (*De la Solution de la Question de l'Algérie*), dit en parlant du travail de M. Worms (pages 328, 333):

« .... Ce mémoire est fondé sur le texte même
» des ouvrages de législation musulmane, il se
» trouve ainsi à l'abri de contestation.

« ..... En Algérie, la terre depuis la conquête
» musulmane est ouokef (fondation pieuse), elle
» revient en entier au Gouvernement Français ;
» aucun Musulman ne pouvait en vendre une
» portion, car nul n'y était possesseur d'une
» portion. »

« *Aucun achat de terres opéré par les Européens*
» *n'a le plus minime titre de validité.* »

« Ainsi le droit Musulman, comme le droit
» Français, s'accordent pour *invalider entière-*
» *ment les titres de propriété sur des terres en Al-*
» *gérie dans quelques mains, soit Musulmanes,*
» *soit Chrétiennes, qu'on les prétende placées, pour*
» *reporter ces titres au Gouvernement Français.* »
Je crois donc faire acte utile à la chose commune en protestant, comme individu et d'après
ma conviction personnelle, contre le système
que tendrait à faire admettre M. Worms, non
point que je veuille développer une théorie nouvelle, ni que j'aie la prétention de donner mon
opinion comme l'expression unique de la vérité,
mais je pense que dans une question aussi grave,
on ne saurait apporter trop de doutes, de re-
cherches, de discussions ; et que jusqu'à ce que

les véritables traités de législation Musulmane aient été traduits et livrés à l'étude de chacun, tout ce que l'on peut faire, c'est de douter et de rechercher la vérité.

Les commentaires les plus estimés du Coran et de la Souna sont :

Le *Sahih* de *Bokhary*, le *Djama el Seghir* de *Soïouthy*, *Beïdhaoui*, *Abou'lsououd*, *El-Khasen*, *Zamakhchary*, la glose de *Chehab Eddin* sur Beïdhaoui, etc.

Or, je ne sache pas, que ces auteurs, dont les manuscrits existent à la bibliothèque d'Alger, aient été traduits.

Peut-être même, en présence des faits accomplis en Algérie depuis 1830, la prudence et l'intérêt bien entendu du pays, commanderaient-ils, dans tous les cas, de ne point trancher violemment une question aussi complexe.

Il est difficile de résumer le travail de Monsieur Worms, qui paraît être déjà lui-même le résumé d'un travail plus étendu. Je me bornerai donc à signaler rapidement les passages de cette publication qui me paraissent susceptibles de critique.

« Classer le sol de l'Afrique *parmi les terres* » *de dîme*, proclamer officiellement, ainsi qu'on

» l'a fait, le droit des tribus à la propriété col-
» lective du territoire c'est *consacrer* en matière
» d'impôt et de propriété, *des erreurs très graves,*»
dit M. Worms, page 6.

L'erreur est précisément dans cette assertion ;
car le sol de l'Afrique et notamment de l'Algérie,
est essentiellement classé dans les terres de dîme.

A l'appui de cette opinion il suffit d'oppo-
ser M. Worms page 10 à M. Worms page 6.

« Les terres productives, dit l'auteur, sont
» divisées en deux classes selon qu'elles sont
» *spécialement* assujeties à l'impôt de la dîme
» (aschr) ou à celui qu'on nomme kheradj (tri-
» but).

« La première de ces classes, qui est celle de
» *terres de dîme*, comprend : 1° le territoire de
» tous les pays dont les habitants, par suite de
» leur conversion volontaire à l'Islam, sont
» entrés, à titre d'égaux, dans la communauté pri-
» mitive des Mahométans. 2° Les terres des pays
» conquis qui ont été immédiatement après la
» conquête, partagées entre les vainqueurs et
» qui, en raison de ce fait, sont considérés aussi
» comme d'origine musulmane pure.

» Enfin il faut ajouter à cette catégorie des
» terres de dîme, celles de la Mecque et d'autres
» parties de l'Arabie, qui ont été classées par

» décret du prophète et des premiers Kalifes. »

Or je ne pense pas que les Arabes, Kabyles, et Maures, habitant l'Algérie aient adopté d'autre religion que celle de Mahomet, et leur territoire, à la suite de la conquête quelque rigoureuse qu'on la suppose, a dû en conséquence être rangé dans la classe des *terres de dîme.*

M. Worms ajoute, il est vrai, à la page 17 :

» Je démontrerai amplement dans le travail
» qui fera suite à celui-ci, *comment l'Adminis-*
» *tration française n'a pas soupçonné, et ignore*
» *encore* maintenant, que le kheradj existait en
» Afrique, simultanément avec la dîme, *qu'elle*
» *n'a d'ailleurs que très imparfaitement étudiée et re-*
» *connue.* »

Tout ceci dénote peu d'indulgence pour l'Administration, mais la vérité, sous quelque forme qu'elle arrive, doit être la bien venue.

Grâces à M. Worms, l'Administration ne peut plus désormais ignorer que le kheradj et la dîme se retrouvent simultanément en Afrique.

En d'autres termes, que les souverains de ce pays, semblables en cela, comme en baucoup d'autres choses, aux souverains de la vieille Europe, percevaient et un droit foncier sur le sol lui-même et un droit proportionnel sur les produits de ce sol.

Mais l'Administration a-t-elle réellement ignoré jusqu'à ce jour un fait de cette importance? Il est à croire que non.

En effet, en 1838, M. Solvet, l'un des plus honorables magistrats de l'Algérie, traduisant la dissertation de Hadrien Reland, sur le droit musulman au sujet de la guerre sainte, s'exprimait ainsi : (pages 27 et suivantes).

« Lorsque les terres dont les Musulmans se sont emparés par droit de conquête, sont incultes et désertes, ou bien lorsque des terres sont tombées au pouvoir des Musulmans sans combat, elles appartiennent au Prince seul. »

Lorsque des terres, ou toute une province tombent sous la domination des Musulmans, en conséquence d'un traité, le propriétaire *infidèle ne perd pas son droit de propriété*; pourvu qu'il exécute les conditions du traité et il conserve le droit de transmettre à titre gratuit ou onéreux.

« Quelques fois aussi, les terres conquises par les Musulmans, sont frappées d'un cens déterminé, payable annuellement soit en argent, soit en nature et que l'on appelle Kharadj.

« Si celui qui paie le Kharadj embrasse l'Islamisme, il cesse d'être assujeti au cens, il devient *propriétaire* de son fonds de terre et ne doit plus rien autre chose que la *dîme* des fruits. »

Déjà les publications officielles du Gouvernement pour l'année 1837 avaient dit :

Page 256. « Toute terre des Arabes est terre *d'aschr*. Toute terre dont les possesseurs se sont volontairement convertis à l'Islanisme, ou qui a été conquise par la force et partagée entre les Musulmans, est aussi terre *d'aschr*.

Toute terre qui a été conquise par la force, et dans la possession de laquelle ont été confirmés les possesseurs, est de Kharadj.

Page 371. « Le plus important des impôts sur les biens était la dîme des récoltes ou achour (aschr) dont le paiement est prescrit par le Coran.

« Cet impôt n'était dû que sur les propriétés mises en rapport par chaque cultivateur ou éleveur de bestiaux. Chaque année, avant la récolte, des oukils faisaient une tournée dans les outhans ou districts pour reconnaître les propriétés cultivées et estimer les récoltes. Puis les kaids achour, c'est-à-dire, collecteurs de cet impôt, escortés de quelques soldats, en faisaient la perception. »

Le même recueil pour l'année 1838, porte au titre, *propriété dans les idées Musulmanes*, page 223.

« La propriété publique immobilière peut être considérée comme dérivant de deux sources, 1°

de la conquête, 2° de la nature même des terres auxquelles elle s'applique, et qui n'ont jamais été cultivées ou qui cessent de l'être.

« Les terres acquises par la conquête peuvent devenir ou terres *d'achour* (dîme) ou terres de *kharadj* (tributaires) suivant le caractère de la conquête et suivant que la concession en a été faite aux Musulmans vainqueurs ou que la possession en est laissée aux anciens habitants. »

D'Hosson, dans son tableau de l'Empire Ottoman, V. 2, livre 3, dit :

« Les Chrétiens, Juifs, etc. assujétis à la domination Musulmane sont soumis à la capitulation (djezia) individuelle, et khcradj (territoriale) *qui n'est jamais imposée que sur des non Musulmans.* »

Je reviens à M. Worms, il dit page 6, en note : « On aurait peine à croire qu'après onze années » de possession l'Administration ignore encore » la mesure agraire de l'Afrique. »

Ceci n'est point entièrement exact, et pour s'en convaincre il suffit de se reporter à la publication officielle du Gouvernement pour l'année 1837, page 260 et suivantes, ainsi qu'au traité général des mesures publié en 1840, avec autorisation du Ministre de la guerre, par M. Ducros (de Sixt).

« Les institutions Musulmanes, dit plus loin,
» page 7, M. Worms, sont devenues impuissantes
» à empêcher la délapidation des successions,
» la violation des testaments ; la fortune de l'or-
» phelin et du mineur, privée de ses anciennes
» garanties, est livrée sans défense aux caprices
» de l'arbitraire et de la cupidité. »

Mieux informé, M. Worms aurait su qu'il existe encore ainsi que du temps des Turcs, une institution connue sous le nom de *Beit el mal*, dont le chef *(Beit el madj)* est à la fois, curateur aux successions vacantes et représentant de l'état comme successeur à titre irrégulier.

Que cette institution, protectrice des intérêts de l'absent et de l'orphelin, chargée des derniers devoirs à rendre aux indigents, était trop précieuse pour qu'il y fût légèrement touché.

Qu'aujourd'hui, ainsi que du temps des Turcs, elle se compose, d'un Beit el madj, d'un Cadi, remplissant les fonctions de notaire et de juge, d'un adoul, écrivain et témoin, enfin d'un nombre d'agents subalternes suffisant pour assurer le service.

Le caissier seul ou saïdj, a été supprimé par mesure d'économie.

L'unique changement apporté par le Gouvernement Français a été de placer cette institution sous la surveillance de l'Administration des Domaines et d'en concentrer les bureaux à la Direction des Finances.

Page 19 :

« Le mot *wakf* et celui de *habess* ont le même » sens.

« Si pour éviter, au sujet du *wakf l'erreur très* » *grave* consacrée par tous les livres qui ont été » publiés sur l'Algérie, *sans en excepter un seul,* » nous demandons aux traités de législation mu- » sulmane la définition de ce mot nous verrons, » que faire une chose wakf, c'est disposer de » cette chose de telle sorte que la *propriété en* » *retourne à Dieu de qui elle vient* et que la jouis- » sance ou *l'usufruit* seul, en puissent rester aux » hommes, l'objet ainsi fait wakf ne peut plus » être *vendu* ni *donné* ni *transmis comme héri-* » *tage.* »

M. Worms ajoute :

« L'erreur consiste à définir le *wakf*, un acte » par lequel le propriétaire séparant le domaine » *utile* du domaine *direct* de la chose, réserve le » premier pour lui et sa race et quand elle s'é- » teint le renvoie à un établissement pieux qui, » par le fait du wakf a été tout d'abord investi » du domaine direct de la nue propriété. »

J'avoue ne pas saisir la différence essentielle existant entre ces deux définitions, si ce n'est que la dernière, celle repoussée par M. Worms me paraît beaucoup plus précise et en termes plus législatifs, si l'on peut s'exprimer ainsi.

Dans une savante discussion sur les institutions musulmanes, M. Giacobbi, conseiller à la Cour royale d'Alger, avait dit avant M. Worms (*Akhbar*, 8 mai 1840) :

« Le habous est une convention par laquelle en vue d'acquérir des titres à la miséricorde divine, un musulman se dépouille irrévocablement de tout ou partie de ses biens, pour en transporter la nue propriété à Dieu et l'usage ou l'usufruit aux hommes. »

« Il est possible, dit plus haut M. Giacobbi, que ce soit ce qui a donné naissance à cette foule d'établissements pieux que l'on rencontre dans tout pays peuplé de Musulmans; mais il y a loin de là, à *l'ensemble des dispositions arbitraires et compliquées qui sous le nom de wakf, occupent une si grande place dans les ouvrages musulmans.*

Ainsi voilà M. Giacobbi qui lui, au moins, aurait dû obtenir grâce aux yeux de M. Worms.

Il était permis, en effet, d'hésiter dans de pareilles définitions, alors qu'il s'agissait de préciser cette importante et curieuse modification apportée au droit de propriété.

Wakf paraît être le principe ;

Habous est l'application.

M. Worms le reconnaît lui-même implicitement, car, après avoir reproché, page 19, la confusion admise par tous, entre wakf et habous, il y tombe à son tour.

Le système qu'il établit à ce sujet me paraît devoir être adopté comme l'expression de la vérité.

Mahomet, en effet, voulut, ainsi que Moïse, prévenir l'accaparement des richesses personnelles et réelles, comprenant, d'ailleurs, que la foi religieuse et la liberté de l'Empire qu'il créait, étaient inséparables et reposaient sûr deux conditions essentielles, l'égalité fraternelle de tous les Musulmans et leur aveugle obéissance au chef religieux de l'État.

Convaincu, en outre, que ces deux appuis viendraient à manquer à la fois et entraîneraient l'Islam dans leur chute le jour où la formation de grands domaines territoriaux créerait au sein de son peuple, des distinctions de classes, des diversités d'intérêts, des inégalités de richesses et de puissance, aussi funestes au principe de l'égalité qu'à celui de la soumission absolue.

Mahomet imagina donc le wakf ce moyen de neutraliser le droit de propriété sur le fonds du sol.

« Telle fut sans doute, ajoute M. Worms, » page 21, l'origine du wakf *ou* habous.»

C'est qu'en effet, sous une dénomination différente, le résultat est le même. Aussi les prescriptions les plus pressantes, les menaces les plus terribles, les rémunérations les plus séduisantes se représentent-elles à chaque feuillet du Coran pour déterminer les fidèles à doter la Mecque et Médine, ces deux villes saintes, à racheter les prisonniers, à secourir les pauvres, en d'autres termes, à enrichir de puissantes Corporations qui, par la suite des temps, auraient fini par concentrer, entre leurs mains, toute la propriété territoriale des pays musulmans.

Ainsi :

Mesure politique,

Esprit de piété et de charité,

Nécessité de soustraire leurs biens aux avanies d'un pouvoir despotique,

Pensée de protéger les familles contre la prodigalité de leurs chefs;

Toutes ces causes ont donné naissance aux habbous, véritables biens de main-morte tels qu'on en trouve de semblables sous le droit coutumier de l'ancienne France.

Mais, dire avec le Coran : *Dieu est le meilleur des héritiers*, ou répéter avec la Genèse : *Dieu a le souverain domaine de l'univers et de toutes les choses qu'il renferme*, n'annulle pas plus la propriété en Orient qu'en Europe.

Je ne suivrai point M. Worms dans ses discussions sur la philologie arabe ; il faut être bien sûr de soi pour critiquer MM. de Sacy, Hammer et autres.

Toutefois, si l'on doit s'en rapporter aux interprétations locales, quelques-unes des traductions de M. le médecin en chef de l'École de St-Cyr ne seraient pas entièrement exactes.

Ainsi : *Raya*, veut bien dire : *sujet non mahométan*, et non *homme gouverné*, *asservi*, sans acception de culte.

Voici à ce sujet une courte indication due à l'obligeance de M. Bresnier, professeur d'arabe au collége d'Alger.

Il faut distinguer entre :

رَعِيَّة *Pascentia jumenta; subditi in gente*, *populus*, usité en Barbarie.

Et رَعَايَا *jumenta pastum ducta, personæ cui sunt nulla ratio habetur.*

Le premier signifie *sujet* dans l'acception politique de ce mot; le second se dit des étrangers qui ont le droit de résidence en pays musulmans, moyennant le paiement de la capitulation.

Il est employé uniquement en Orient *et n'a point d'application en barbarie française.*

تَدْبِير à دَبَّرَ *disposuit, rexit peculiariter respiciens finem, manumisit servum post domini mortem.*

C'est un acte spécial (non un testament) par lequel un maître déclare qu'à sa mort son esclave sera affranchi.

Mais laissons de côté une discussion qui peut paraître futile aux esprits sérieux, et voyons si l'existence ou la non existence de la propriété en Algérie ne pourrait point se résoudre, contrairement à l'opinion de M. Worms, par la simple logique.

Il est facile à un écrivain de recueillir des faits généraux, anciens, incomplets, obscurs; par conséquent, d'en déduire une suite de corollaires plus ou moins spécieux, et d'en conclure, sans le définir, un ordre de choses, qu'il avait admis *a priori.*

Mais dans une question aussi grave, le Jurisconsulte procède d'une autre manière, il définit exactement le principe, dont l'admissibilité est la question, il l'analyse dans ses parties essentielles, puis il recueille des faits récents, précis, complets; il examine si ces faits répondent au principe.

Alors chacun peut juger, car chacun à l'esprit logique.

M. Worms a suivi la première méthode et a conclu : *que le droit de propriété sur les terres n'existait pas en Algérie.*

Permettez-moi, Monsieur, bien que ceci paraisse sortir des formes ordinaires d'une lettre, d'examiner la question par l'autre méthode.

Qu'est-ce que le droit de propriété?

Les jurisconsultes romains le définissaient, *jus utendi et abutendi.*

Notre Code civil, art. 544, s'exprime ainsi : « *La propriété est le droit de jouir et de disposer des choses de la manière la plus absolue.* »

2

Les actes de propriété peuvent se diviser en trois classes essentielles :

jouissance,

exclusion,

disposition.

Dans la première, il faut comprendre tous les actes ayant pour but de retirer du fonds l'utilité qu'il peut produire.

Dans la seconde, l'on compte le droit d'interdire aux autres l'usage du fonds et celui de le revendiquer contre tout possesseur.

Enfin, dans la troisième, le droit de transmettre ce fonds à une autre personne par les divers moyens usités dans le pays.

Ces idées composent l'idée complexe de la propriété (1).

On a toujours désigné, comme émanant du droit de propriété, les actes suivants :

Affermer, échanger, vendre, donner, hypothéquer, laisser par testament ou *ab intestat*.

Or, en Algérie, quels étaient les droits des habitants sur les immeubles urbains ou ruraux.

Ils les affermaient,

Ils les vendaient,

Ils les donnaient,

____

(1) M. Sabatery (*Leçons de droit*).

ils en disposaient par testament,
Ils les laissaient avec substitution.

Des milliers d'actes constatent ces faits; ils sont entre les mains de tout le monde, et l'Administration des Finances elle-même, en conserve, dans les archives du Domaine, plus de sept à huit mille.

Dans le nombre il n'est peut-être pas sans intérêt d'en citer trois pris au hasard.

1206 (1788). Jugement du Muphti de Médéah, confirmé en appel par le cadi d'Alger, portant maintenue en possession d'un territoire situé dans la province de Médéah.

1209 (1791). Grande ferme située dans l'Outhan de ben Khelil, au pied de l'Atlas, constituée habous en faveur des janissaires.

1210 (1792). Jardin situé à Mascara, constitué habous en faveur des janissaires d'Alger, devant le Cadi de Mostaganem.

Tous ces actes avaient lieu devant le Cadi, notaire et juge, tout à la fois, et qui, par conséquent, ne permettait pas ce que la loi prohibait.

Quant à la transmission héréditaire, c'est un acte d'autant moins équivoque qu'il procède de la loi elle-même.

Enfin, ils pouvaient, par leur seule volonté, consolider la jouissance d'un immeuble, maison ou terre, dans leur famille, et l'affecter encore à perpétuité, après son extinction, à un usage déterminé; c'est ce qu'ils appelaient faire leurs biens habous, *les emprisonner*.

Le droit plus absolu que l'on puisse exercer sur un immeuble, est sans doute celui de l'ôter du commerce à perpétuité, d'en laisser les revenus à sa famille, jusqu'à extinction, et d'en régler encore l'usage après l'extinction de toute la famille, en disant : les revenus en seront aux pauvres, à la Mecque, aux Fontaines, à tel chemin, etc.

En Algérie, on trouvait donc réuni dans les mains des habitans les droits

de jouissance

d'exclusion,

et de disposition.

Donc, le droit de propriété existait en Algérie.

Le système contraire, est au surplus, si difficile à soutenir, il se concilie si peu avec les plus simples idées de société, que M. Worms lui-même est obligé de reconnaître, en parlant de l'Egypte et de Mehemet-Ali (p. 52) :

« . . . . Que ce serait une idée aussi fausse
» qu'injuste de croire que dans les États Mulsu-
» mans le souverain est un usurpateur et ne res-
» pecte aucune loi, ou que la confiscation y est
» un élément de la législation ; tandis que le
» respect de la propriété y est porté si loin,
» qu'elle n'autorise même pas l'expropriation
» pour cause d'utilité publique. »

M. Worms est d'accord en cela avec M. Anque-
til Duperron dans son traité de législation orien-
tale 3ᵉ partie page 116 et suivantes. (Amsterdam
1773)

Avec M. Genty de Bussy dans son ouvrage sur
l'Afrique.

(Tome 2, chapitre 2, 2ᵉ édition.)

On a dit, mais tout cela n'existe qu'à Alger et
dans quelques autres villes de l'Algérie et seulement dans un rayon très restreint autour de ces
villes.

Au delà, plus de propriété privée ; tout est au
Prince qui peut disposer à son gré de toute l'étendue du sol ; qui place et déplace selon son bon
plaisir les populations.

Il serait peu logique de conclure du fait au
droit, en supposant toutefois le fait admis.

Voyons néanmoins ce qui a dû se passer en Algérie ainsi que dans toutes les contrées où les hommes se sont réunis en société.

Il est certain que la propriété, ses règles de conservation et de transmission supposent un état primordial, un ordre de choses préexistant.

Les premiers hommes eurent d'abord en commun toutes les choses que Dieu avait données au genre humain. Cette communauté n'était pas positive, telle que celle existant entre plusieurs personnes qui ont en commun le domaine d'une chose dans laquelle elles ont chacune leur part; c'était, dit Pothier, une *communauté négative*, laquelle consistait en ce que les choses, communes à tous, n'appartenaient pas plus à aucun d'eux qu'aux autres; et qu'aucun ne pouvait empêcher un autre de prendre dans ces choses communes, ce qu'il jugeait à propos d'y prendre, pour s'en servir dans ses besoins, après quoi, si la chose n'était pas de celles qui se consument par l'usage, cette chose rentrait dans la communauté.

Les hommes s'étant multipliés, ils partagèrent entre eux la terre et la plupart des choses qui étaient à sa surface. Ce qui échut à chacun d'eux commença à lui appartenir privativement à tous autres. Le reste demeura choses communes.

C'est l'origine du droit de propriété.

Pourquoi ce phénomène de civilisation et d'or-

ganisation des sociétés se serait-il opéré autrement en Algérie que chez tous les autres peuples?

En ce qui concerne spécialement les tribus
on ajoute qu'elles n'ont jamais possédé *animo domini*, qu'elles n'avaient en quelque sorte que l'u-
sufruit précaire du sol sur lequel reposaient leurs
tentes.

C'est encore possible, pris comme fait, mais
faut-il en conclure un droit absolu appartenant
au Souverain alors que ce droit exorbitant n'existe
pas dans les autres pays Musulmans.

Observons d'ailleurs que pour déterminer des
limites, pour fixer les droits de chacun, il faut
une pensée d'avenir, il faut tenir au sol ; et il n'y
a réellement pas de propriété, dans le sens absolu
du mot, là où il ne se trouve qu'une tente qui
se plie au premier danger.

Aussi la propriété s'est-elle assise d'abord dans
les villes, puis en rayonnant autour des villes.

Elle s'est assise partout où l'habitant a cessé
d'être nomade, partout où la valeur donnée à la
terre par le travail, par les constructions, est
devenue plus grande plus importante.

Partout où la société sortie de l'état élémen-
taire de la tribu est arrivée à un système d'intérêts plus compliqués et plus distincts.

Ainsi il paraît certain que le kabile des montagnes a des idées et des règles de propriété plus fixes que le bédouin ou l'arabe de la plaine.

Quel intérêt en effet les tribus nomades avaient-elles à faire le partage des biens communs ? L'association était au contraire, pour ainsi dire, l'unique garantie de sécurité dans l'état de guerre permanent où elles vivaient entre elles.

L'association, cette expression remarquable des sociétés peu avancées et qui doit, peut-être devenir le dernier terme de la civilisation, fesait toute leur force et décuplait leurs faibles ressources. Et je reconnais avec le Gouvernement (publications officielles de 1840 1841 page 345) que personne dans les tribus, depuis le cheik jusqu'au dernier laboureur, ne possèdait *individuellement* la moindre parcelle de terre.

En outre, les terrains communaux des tribus étaient tellement vastes, eu égard à la population, qu'il devait être fort rare qu'un accroissement dans celle ci nécessitât un partage sur des bases plus étroites. Des hostilités avec le souverain ou avec une tribu voisine, pouvaient seules forcer la tribu à se retirer dans une localité à l'abri des invasions, à abandonner l'ancien territoire pour en constituer un nouveau ; mais ces circonstances, en dehors de toutes prévisions légales constituent simplement, un état de guerre où le plus faible subit la loi du plus fort.

Doit-on conclure que les vastes terrains des tribus nomades n'appartenaient à personne ? Peut-on dire qu'en droit oriental la propriété du souverain est la règle et que la propriété individuelle est l'exception ; enfin doit on déclarer qu'en droit, la propriété foncière, telle que nous l'entendons en Europe n'existe pas chez les peuples soumis à la loi du Prophète.

Non, de pareilles conclusions sont impossibles en présence de ce principe du Coran, ce code universel de tout Musulman : » *Celui qui vivifie une terre morte en devient propriétaire.* »

Et de cet autre : *faites fructifier l'héritage de l'orphelin ; donnez aux orphelins ce qui leur appartient , ne consumez pas leur héritage pour grossir le vôtre.* »

Prescriptions qui à elles seules constitueraient un code de la propriété.

Elles sont impossibles, parceque nulle agrégation d'individus libres ne saurait exister sans intérêts privés et individuels.

Elles sont impossibles, parce qu'elles sont en contradiction avec les monuments historiques des anciens peuples pasteurs.

Enfin elles sont inadmissibles, parce que depuis le commencement des âges, nulle société n'a été assez avancée dans la perfectibilité humanitaire, pour réaliser le vœu de M. Marion (p. 80), d'une *forme d'appropriation* qui serait tout à la fois *une* et *qui ne le serait pas;* qui serait *générale* et *particulière*, *publique* et *privée;*

D'une *manière de posséder*, qui, sans porter atteinte à la *spontanéïté* de l'homme, serait soumise pourtant à une *vue d'ensemble*, à une direction générale *d'en haut;*

D'un *mode d'exploitation*, enfin, *libre* et en même temps *forcé*, combiné dans la pratique avec la puissance des *associations.*

En attendant ce nouvel ordre de choses et l'accomplissement de souhaits qui témoignent, au surplus, d'une âme généreuse, je crois que l'on peut, jusqu'à plus ample informé, résumer ainsi la question.

La propriété immobilière existe sous l'empire des lois Musulmanes.

Elle est reconnue en principe par le Coran et ses commentateurs; elle est constatée par les divers publicistes qui ont écrit sur l'Orient.

En Algérie, notamment, la propriété privée existait et s'est perpétuée sur des bases peu différentes de celles admises dans les pays d'Europe.

Elle s'acquiert, se transmet, se conserve, se reconnaît, par une longue possession, des témoignages, des titres réguliers.

L'on retrouve dans les lois musulmanes, quant à la distinction, la possession et la transmission des biens, de grandes analogies avec les lois romaines et nos anciennes coutumes de France.

L'on distingue en Algérie :

Le domaine du Beylik ou de l'État.

Le domaine personnel du Prince.

Les biens des corporations, véritables biens de main-morte.

Les biens des particuliers.

Enfin, les biens communs possédés *ut universi*, par les tribus.

Toutes ces choses ont été implicitement reconnues par le Gouvernement Français, lors de la prise d'Alger.

Quelles qu'en aient été les conséquences, la capitulation du 4 juillet 1830 est un de ces actes qui engagent l'honneur des nations.

Cet acte solennel a garanti aux vaincus le respect des propriétés.

Voyons actuellement ce qui s'est passé depuis:

Dès l'arrivée des Français il dut s'opérer un très grand mouvement sur les ventes des propriétés; et dans la précipitation des uns, et au milieu des terreurs qui assiégeaient les autres, enfin en l'absence d'une administration organisée, il dut se glisser beaucoup de désordre et se commettre beaucoup d'irrégularités.

Les Indigènes vendaient, parcequ'ils avaient peur et il faut le dire, parceque souvent ils pressentaient que leurs propriétés allaient être affectées à des services publics ou démolies pour, l'emplacement en être consacré, à des rues ou à des places.

Presque tous les Turcs sortis de la Régence et les autres Indigènes qui, dans la confusion des premiers temps, se crurent compris dans les mesures de proscription, avaient laissé à leur départ leur procuration pour que l'on veillât en leur absence à leurs intérêts.

Ces mandats furent donnés, ainsi que l'autorisait la loi Musulmane, tantôt verbalement en présence de témoins, tantôt par acte devant le Cadi; quelquefois même les deux moyens furent employés simultanément.

Alors il arriva que ces mandataires, plus ou moins fidèles, ou cédant à des insinuations intéressées, tantôt aliénèrent les droits de leurs mandants, tantôt se bornèrent à surveiller leurs intérêts et à suivre auprès de l'Administration Française soit des restitutions en nature, soit des paiements d'indemnité.

Presque toutes les premières aliénations furent faites avec esprit de retour, et l'arrière pensée de rentrer un jour en possession des biens vendus.

En général, elles eurent lieu à des prix bien inférieurs à la valeur réelle des propriétés. Presque toujours le prix fut convenu en une rente perpétuelle, qui représentait pour les Indigènes la vente à l'ana et en un prix particulier, connu sous le nom de *pot de vin*, ordinairement payé comptant et ne parvenant pas toujours intégralement aux mains du vendeur.

Ce mode d'aliénation était en quelque sorte la conséquence des habitudes antérieures des Indigènes, de leur secret espoir de rentrer un jour en possession des objets vendus, et aussi de la rareté du numéraire et de l'incertitude de l'avenir.

L'on a vu, il est vrai, le même immeuble vendu par deux mandataires du même émigré à deux acquéreurs différents.

D'autres fois aussi l'immeuble vendu avait une existence idéale ou bien avait disparu par suite d'événements antérieurs; ainsi à Blida il a été vendu en 1833, des maisons entières écroulées à la suite du tremblement de terre de 1825.

Plusieurs causes devaient amener de pareils résultats.

L'ignorance dans laquelle se trouvaient les acquéreurs de la valeur réelle et souvent de la consistance des propriétés et de leur situation.

Le défaut de désignation de limites; la confusion des noms et des indications arabes.

L'absence de tout terme de comparaison tant pour les contenances que pour les valeurs, l'impossibilité fréquente de voir les objets vendus et d'aller sur les lieux.

Enfin l'espèce de panique qui régnait chez les Indigènes, et il faut le dire, un désir immodéré de la part des acquéreurs, de réaliser promptement de brillants bénéfices sans courir de grandes chances de perte, par suite du caractère éminemment aléatoire de la plupart de ces contrats.

Grand nombre de ces acquisitions, portèrent sur des immeubles appartenant aux Indigènes sortis de la Régence, soit volontairement, soit par suite des mesures politiques prises contre eux.

Elles portèrent notamment sur les biens de la ville, sur les jardins et propriétés rurales qui couvraient le massif d'Alger, et aussi sur un assez grand nombre de fermes situées dans la plaine et jusque sur les premiers contreforts de l'Atlas.

Les mêmes opérations, mais sur une moindre échelle, eurent lieu à Bône, Oran et Blida.

Ces acquisitions furent faites le plus souvent par des individus isolés, mais souvent aussi par des sociétés et compagnies, dans une pensée, il faut l'avouer, toute d'accaparement et d'exploitatation ultérieure.

Dans la prévision de ces entreprises, la population Européenne devait promptement leur venir en aide, soit au moyen de baux à longs termes, soit au moyen de reventes partielles.

Les événements n'ont point complètement répondu à cette attente; la population s'accroit lentement, suivant en cela la marche de la nature où rien n'est heurté, ce n'est que peu à peu que la propriété rurale, surtout, se reconnait, se délimite, se met en produit.

Et cette marche a dû être d'autant plus lente, que la levée de boucliers de 1839 est venue comprimer brusquement les premiers essais, étouffer les premiers résultats.

Avec le temps et à travers les mille et une vicissitudes, d'une population aussi mouvante, que celle qui cherchait à prendre racine en Algérie, toutes les transactions partielles donnèrent lieu à de nouvelles combinaisons.

Ainsi que je l'ai dit, les ventes étaient généralement faites à rentes perpétuelles.

Puis, pressés d'argent, les Indigènes abandonnaient la rente moyennant le paiement immédiat de 2 ou 3 annuités; soit comptant soit à termes rapprochés.

Dans ce dernier cas, il est même arrivé que cette somme était abandonnée ensuite sur la remise immédiate d'une somme d'argent.

Cet état de choses, cette disposition des esprits, ne pouvaient échapper à l'Administration; et ses premiers soins durent être de régulariser autant que possible les transactions privées, de prémunir contre lui-même l'entraînement de l'industrie; le comprimer entièrement etait impossible, car il faut le reconnaître, avec nos sociétés actuelles, avec cet immense mouvement imprimé à toutes les populations, vers une plus grande somme de richesses, de bien être, de jouissance, tout ce que les Gouvernements peuvent faire c'est de régulariser et de modérer.

Aussi l'une des premières mesures, fut de prohiber l'aliénation de certains immeubles qui, par leur nature, n'auraient pu, sans graves inconvénients, devenir l'objet de transactions privées. C'est ainsi qu'un arrêté du 8 novembre 1830 interdit provisoirement, toute aliénation d'immeubles dépendant du Domaine de l'État.

Les mesures les plus actives furent prises en même temps, pour soustraire à l'avidité des spéculateurs, les biens des Turcs frappés de sequestre, de manière à protéger contre des usurpations les biens des absens et des bannis, et faciliter, au milieu de la confusion générale, la reconnaissance des propriétés Domaniales, et enfin servir la politique française en plaçant sous la main de l'État des richesses immobilières qui lui appartenaient par droit de conquête, et devaient, d'ailleurs, lui servir de garantie contre les complots ou les tentatives hostiles des partisans du Gouvernement précédent.

Ces mesures étaient d'autant plus nécessaires, que l'on avait à se prémunir contre l'intervention des cessionnaires, d'autant plus difficile à combattre, que l'absence des noms de famille, la similitude ou l'analogie des prénoms et surnoms chez les Indigènes, l'indivision nominale, ou effective des propriétés, rendaient toute surveillance presque impossible.

Aussi, un arrêté du 24 Avril 1834 interdit, sous peine de destitution, à tout notaire et kadi de recevoir des actes de vente ou de location de biens séquestrés, si ces actes n'étaient consentis par l'Administration des Domaines.

Ces premières précautions ne parurent pas suffisantes.

L'on avait eu maintes fois à combattre des insinuations plus ou moins malveillantes, sur des acquisitions faites par des employés militaires ou civils; sans accueillir ce qu'il pouvait y avoir d'exagéré dans ces insinuations, le Gouvernement n'ignorait point que quelques-unes de ces acquisitions, étaient entachées d'erreurs ou de fraudes, malheureusement difficiles à découvrir dans la situation des choses; l'on pouvait craindre aussi que quelques-unes de ces opérations n'eussent été effectuées au moyen d'influences ou de manœuvres, dont le résultat eût été d'affaiblir, dans l'esprit des Indigènes, la considération due à l'Administration Française.

Enfin, le Gouvernement, tout en appréciant ce que présentaient, au fond, d'avantages à l'avenir agricole du pays, des acquisitions faites par les fonctionnaires, craignit que pour le bien du service, les employés ne fussent par cela même, distraits des soins de leurs occupations, par des opérations d'intérêt privé, et voulant au surplus enlever tout prétexte à la malveillance, il fut décidé le 17 mars 1834, que nul officier de l'armée, nul employé civil ou militaire, ne pourrait se rendre acquéreur d'immeubles, ou accepter un intérêt dans une exploitation agricole ou industrielle, sous peine de retrait d'emploi ou de révocation.

Il restait une autre série de propriétés, à l'égard desquelles, le Gouvernement avait aussi à prendre des mesures dictées par la prudence.

C'étaient celles situées dans certains territoires.

Il était indispensable de protéger les Indigènes des localités à l'égard desquelles, des mesures politiques n'étaient point encore arrêtées, d'imposer un frein aux acquéreurs de terre, mais surtout il convenait d'empêcher qu'il ne se créât, dans l'intérieur et sur des points éloignés, des intérêts qui, une fois fondés, auraient été en quelque sorte en droit d'invoquer la protection du Gouvernement, il convenait de réserver aux commandants des forces militaires une liberté de résolution et d'action, que la hardiesse intéressée des acquéreurs, et l'amour avantureux du gain auraient souvent gênée.

Ainsi, un arrêté du 7 Mai 1832, déclare nulle, toute transmission de biens immobiliers, entre Musulmans et Chrétiens, dans toute l'étendue de la province de Bône, sauf à l'égard de ceux situés dans la ville.

Un autre arrêté, du 3 Septembre 1833, porta les mêmes défenses pour les villes d'Arzew et de Mostaganem.

Un arrêté, du 28 Octobre 1836, fut rendu dans le même sens, pour la province de Constantine.

Un arrêté, du 10 Juillet 1837, interdit provisoirement, toute transaction immobilière, au-delà d'un rayon déterminé dans la province d'Alger.

Enfin, un arrêté, tout récent, du 14 Février 1842, a interdi aux Européens et aux Israëlites, toute transaction d'immeubles à Tlemcen.

A ces moyens d'utilité générale, il fut ajouté des mesures réglementaires et d'ordre public; ainsi la formalité de l'enregistrement, moyennant un léger droit, fut imposée à toutes les transactions relatives à des immeubles; cette prescription, dont on s'est plusieurs fois fait une arme pour exagérer certaines prétentions, était indispensable, ne fût-ce que pour régulariser un peu l'entraînement des spéculateurs, pour protéger, autant que possible, la bonne foi et l'inexpérience, enfin pour retrouver la trace des propriétés.

D'un autre côté, l'Administration s'efforçait de reconnaître la propriété privée, d'établir la consistance des biens Domaniaux, ainsi que de ceux des corporations musulmanes.

Plusieurs mesures générales ont été prises à ce sujet ; ainsi un arrêté, du 12 Décembre 1831, institue une commission pour faire le recensement de tous les immeubles appartenant au Domaine et aux corporations; un autre arrêté, du 26 Juillet 1834, porte que lorsqu'il y aura juste motif de croire que des propriétés Domaniales sont occupées sans titre régulier, l'Administration pourra requérir le détenteur de justifier de la possession.

Si ces mesures n'ont point complètement atteint le but proposé, à cause des difficultés matérielles d'exécution, du moins elles ont préparé les moyens ultérieurs d'exécution, posé des principes et contribué à asseoir la propriété en Algérie.

L'Administration des Domaines a, de son côté, effectué beaucoup de ventes. Ces ventes ont porté sur trois espèces de propriétés bien distinctes, savoir :

Les biens provenant de l'ancien Beylic, des Janissaires, des Fontaines, en un mot tous ceux ayant été considérés comme appartenant au Domaine de l'État ou de la Colonie.

Les biens appartenant aux diverses corporations religieuses, et établissements publics Musulmans, tels que la Mecque et Médine, les Andalous, le Sboulkeirat, etc.

Enfin, les biens placés sous le séquestre.

La vente de ces derniers biens, n'a eu lieu que dans des circonstances particulières ; en agir autrement eût été contraire aux règles légales du séquestre.

Ainsi, les biens de l'espèce n'ont été vendus, que lorsque leur état de vétusté ou d'abandon, rendait leur conservation impossible ou trop onéreuse, ou bien encore lorsque leur adjonction à d'autres propriétés, devenait une mesure d'utilité publique.

Dans toute autre circonstance, les biens séquestrés, non affectés à des services publics, ont été simplement mis en ferme ou en location.

Deux modes ont été suivis par le Domaine pour les aliénations qu'il a effectuées, les adjudications publiques et aux enchères, les concessions de gré à gré.

Avant toute chose, l'immeuble à aliéner a été reconnu avec soin, sa consistance a été établie, les limites ont été fixées, le plan a été dressé ; enfin les titres établissant la propriété, ont été recherchés, étudiés et constatés.

Le mode des enchères publiques, a été le mode de droit et de règle générale.

Des annonces insérées, à intervalles, dans les journaux de la Régence, ont prévenu tous les ayant-droit, et leurs réclamations ont été admises, quand il y avait lieu, en même temps qu'elles appelaient la concurrence.

La voie des concessions de gré à gré, n'a été suivie que dans les circonstances ci après :

1° Lorsque le tiers acquéreur était co-propriétaire de l'immeuble, et que l'indivision ne pouvait avoir lieu sans détériorer les parties divisées ;

2° Lorsque l'immeuble vendu ne pouvait être utilisé isolément, et qu'il se présentait un propriétaire voisin, s'engageant, soit à reconstruire conjointement avec les immeubles lui appartenant déjà, soit à mettre en culture immédiatement ;

3° Quelque fois, mais plus rarement, le locataire d'un immeuble y avait fait d'importantes réparations et nonobstant ces réparations, cet immeuble en exigeait de nouvelles, dont il consentait à se charger ;

4° Enfin, lorsque des entreprises d'un intérêt général, demamdaient la réunion de plusieurs immeubles et exigeaient le concours d'une société.

Ainsi, pour les bazards, pour les passages et quelques autres établissements, que l'intérêt de la Colonie commandait d'encourager, tels que des bains, des moulins, etc.

Dans ces diverses circonstances les précautions les plus grandes ont été prises, soit pour reconnaître les titres des propriétés, soit pour établir la consistance de l'immeuble et sa valeur.

Chaque concession, débattue en Conseil d'Administration, a été approuvée par le Ministre de la guerre, et réalisée ensuite en acte public.

Pendant ce temps, de nombreux litiges étaient portés devant les Tribunaux, soit administratifs, soit judiciaires; des enquêtes étaient prescrites, des descentes de lieux, des applications de titres étaient ordonnés, — des délimitations se faisaient.

Les propriétés, ainsi débattues, étaient reconnues et constatées entre les mains des véritables ayant-droit.

Le Tribunal supérieur et après lui la Cour royale, appelés à statuer en dernier ressort, ont, par maintes discussions éclairées et par un grand nombre d'arrêts fortement motivés, établi une véritable jurisprudence sur les points les plus litigieux des questions de propriété, tels que les résolutions pour faute de paiement, les déguerpissements à défaut de servir les rentes foncières, les habbous, les indivisions, etc.

Ainsi, avec l'action du temps, de la prescription, cette patronne du genre humain et avec le concours des Tribunaux et de l'Administration, la propriété s'est constituée en Algérie, elle existe et ne demande que de nouvelles et heureuses circonstances pour produire à son tour et répondre aux espérances et aux sacrifices de la Mère-Patrie.

Ce résultat, forcé de la nature des choses, a été lent ; il faut l'avoir constamment suivi dans ses progrès de chaque jour pour bien le reconnaître ; il procède sur chaque point de l'Algérie du centre à la circonférence, — la culture et la colonisation marchent à la suite.

Les craintes manifestées sur le désordre existant dans la propriété, craintes accueillies par les esprits les plus élevés, sont exagérées.

On a grossi le mal, faute de le voir de près ; et les parties intéressées elles-mêmes sont peut-être les seules à ne pas s'en effrayer.

Il en est de même de l'appréhension de voir l'Administration arrêtée dans ses grandes entreprises de colonisation par des prétentions surgissant à chaque pas, au sujet de propriétés, jusqu'alors sans maître.

Le Gouvernement possède tous les moyens d'action désirables.

De nombreux arrêtés sur l'expropriation pour cause d'utilité publique, lui permettent de disposer rapidement des immeubles nécessaires, sans être entraînée à des indemnités disproportionnées avec la valeur réelle et actuelle des objets.

Ces arrêtés rédigés, d'abord sous l'empire de la nécessité de pourvoir rapidement au logement de troupes nombreuses, à l'installation et aux exigences forcées des divers services, à l'ouverture des rues, places et autres moyens de circulation, faute desquels la sûreté même de l'armée eut été compromise, font progressivement place à de nouvelles mesures qui concilieront le respect dû au droit de propriété avec les sacrifices commandés par l'intérêt général.

Et il faut le dire, tel est le véritable instinct de conservation et d'avenir des habitants, que je crois ne point m'aventurer trop, en assurant qu'il n'est pas un propriétaire qui ne soit disposé à sacrifier une portion de sa propriété, pour toutes les grandes entreprises de colonisation, d'une utilité reconnue, qui tendront à lui assurer pour le restant, sécurité et développement.

Enfin pour employer une heureuse expression de l'un des administrateurs les plus éclairés de l'Algérie (1), « .... *ce serait un mauvais moyen, quand on veut fonder une société, de commencer par fouler aux pieds le droit de propriété.* »

Si les bornes de cet écrit me permettaient, de vous reproduire quelques chiffres, je les appellerai à mon aide, — car, quelle que soit la répulsion de certains esprits contre les statistiques, il faut avouer que les chiffres ont une éloquence positive, préférable souvent à de brillantes théories.

Or, il n'est pas sans intérêt, de faire connaître à chacun que cette propriété, dont on veut invalider les titres d'un trait de plume, a, pour l'année 1841, seulement offert en garantie hypothécaire pour une somme capitale de .... 8,322,877 fr. 78 c.

Qu'il s'est vendu en immeubles dans la même année pour une somme de..

En rentes pour........ 216,096 fr. 18 c.

En capitaux pour...... 2,968,056 fr. 45 c.

Et que le trésor a touché pour droits d'enregistrement, sur les seuls droits de vente d'immeubles, la somme de...... 145,775 fr. «« c.

(1) M. Léon Blondel, Directeur des Finances, *nouvel apperçu sur l'Algérie.* 1838.

Enfin, que le Domaine a, depuis la conquête, aliéné par propriétés distinctes, avec plan pour chaque immeuble, désignation d'origine, indication de limites, — titres authentiques, pour une valeur en rentes annuelles et perpétuelles de 239,784 fr. 05 c., formant un capital au denier 20 de...................... 4,795,681 fr.

Néanmoins, il faut le reconnaître, la question de la propriété en Algérie est grave et elle reste entière.

Mais pour résoudre une question semblable, pour mettre en harmonie ce qui est, avec les améliorations possibles dans l'avenir des Sociétés, des apperçus ingénieux ne suffisent pas; des extraits d'auteurs, péniblement rapprochés entre eux, sont incomplets; des faits isolés, sont sans force; enfin des expériences seraient peut-être dangereuses.

Il faudrait en attendant ce me semble, réunir les divers traités, commentaires, gloses, recueils incohérents et indigestes, qui ont dû entremêler leurs dissertations théocratiques et rêveuses, à quelques lambeaux d'organisation civile et de doctrines sur la propriété et son mode de conservation et de transmission.

Traduire ces recueils aussi exactement que peuvent le permettre les difficultés déjà si grandes d'une langue, dans laquelle un signe imperceptible, omis, ou négligé, change toute la significa_ tion d'un mot, bouleverse tout le sens d'une phrase.

Il faudrait, au moyen de questions claires, méthodiques et posées de manière à éloigner l'esprit de méfiance naturel aux Indigènes, s'enquérir auprès du petit nombre de ceux qui sont lettrés, de ce que les doctrines rarement écrites, les usages, les coutumes locales, avaient apporté de jurisprudence et de modifications aux rares dispositions de leurs lois sur la propriété.

Il faudrait réunir des séries d'actes semblables, de décisions écrites des anciens tribunaux Indigènes, en rapprocher les dispositions pour en déduire un enchainement logique de principes et de règles.

Il faudrait en outre, connaître la jurisprudence lentement élaborée des tribunaux Français en Algérie qui, surchargés de détails au delà de tout ce que l'on peut imaginer, ont cependant dirigé de constants efforts vers les questions vitales de la propriété.

Il faudrait aussi, consulter les décisions de l'Administration, les enquêtes successives qu'elle a prescrites, les instructions journalières qu'elle a transmises à ses agens.

Or, toutes ces choses ne sauraient être l'œuvre ni d'un homme, ni d'un jour.

Enfin il faudrait tenir compte de ce qui est.

Et à ce sujet, il est une chose digne de remarque, c'est qu'en général, l'on hésite à expliquer des faits probables, par des idées simples; ce que chacun est porté à comprendre comme le plus approprié aux notions communes, on répugne à le traduire en langage vulgaire; on craint presque de conclure du connu à l'inconnu, de déduire ce qui peut ou doit être par ce qui est.

En un mot, on redoute d'adopter une opinion qui serait celle de tout le monde.

Toutefois, je me hâte de le dire, car cet écrit dépasse déjà les bornes d'une lettre, jusqu'à ce jour, chacun a rempli sa tache, chaque effort, quelqu'isolé qu'il fût, a, même à son insu, aidé à l'œuvre commune.

La critique elle-même, a eu son utilité, car telle est la nature de l'esprit humain, un assentiment constant l'endort, la contrariété le stimule et l'éveille.

A ces causes incesssantes, si l'on ajoute quelques unes de ces hautes mesures, que dans sa sollicitude le Gouvernement est décidé à employer en temps opportun, je ne doute point du progrès rapide de notre nouvelle France.